조금만 더 주님 가까이

조금만 더
주님 가까이

A LITTLE CLOSER TO THE LORD

유기성

규장

예수님과 함께 걷는 40일, 다시 살아나는 믿음

사순절 묵상은 언제나
제게 '다시 시작하는 은혜'였습니다.

목회 초년 시절,
설교는 하고 있었지만 마음은 점점 메말라가고,
하루하루 살아내는 것조차 버거웠던 때가 있었습니다.
새벽마다 강단에 서 있었지만
눈물조차 나오지 않던 그 시간에
저를 붙들어준 말씀은
"나는 포도나무요 너희는 가지라"(요 15:5)였습니다.

그 말씀 앞에서 저는 한동안
아무 말도 할 수 없었습니다.
그리고 마침내 이렇게 고백했습니다.
"주님, 저는 아무것도 할 수 없습니다."
그때 제 마음 깊은 곳에서
지금도 잊을 수 없는 주님의 음성이 들려왔습니다.

그날 이후 제 신앙의 방향은 조금씩,
그러나 분명하게 달라지기 시작했습니다.

예수님은 나를 도와주시는 분이 아니라
내 안에 계신 분이며,
내가 실패할 때 떠나시는 분이 아니라
실패의 자리까지 함께 내려오시는 분이라는 사실을
조금씩 깨달아가기 시작했습니다.

그 깨달음이 깊어질수록
설교의 내용보다
'예수님을 바라보는 마음'이 더 중요해졌고,
'교회를 위해 무엇을 할까'보다
'오늘 주님과 어떻게 동행할까'를
먼저 묻게 되었습니다.

이 묵상집은
그 과정 속에서 제게 허락된 은혜의 조각들을
사순절 40일이라는 길 위에
한 줄 한 줄 조심스럽게 내려놓은 기록입니다.

왜 '예수동행 40일'인가?
사람은
자신이 바라보는 방향으로 걸어갑니다.
저 역시 사역의 무게를 바라볼 때는
마음이 눌렸고,
사람의 평가를 바라볼 때는
상처가 깊어졌습니다.
그러나 예수님을 바라보는 단 한 번의 순간은
기이할 만큼 제 삶의 방향이 바로잡아졌습니다.

예수동행일기를 쓰기 시작했을 때도
처음부터 잘 쓴 것은 아니었습니다.
바쁘다는 이유로,
쓸 말이 없다는 이유로
몇 번이나 멈칫했습니다.

그런데 어느 날,
하루의 끝에서 이렇게 적었습니다.
"오늘 하루에도 예수님은 나를 버리지 않으셨다."
그 문장을 적는 순간,
말할 수 없는 감사와 눈물이 올라왔습니다.
그리고 그날 마음으로 결단했습니다.
'이제는 어떤 상황에서도
예수님과 동행하는 삶을 포기하지 않겠다.'

사순절 40일은
누군가에게는 새로운 시작이,
누군가에게는 회복의 시간이,
누군가에게는 오래 닫혀 있던 마음의 문이 열리는
은혜의 시간이 될 수 있습니다.

저는 믿습니다.
예수님은 이 책을 펼치는 바로 그 자리에서
이미 여러분의 마음을 두드리고 계십니다.

이 책은
그저 좋은 말씀을 모아놓은 묵상집이 아닙니다.

제가 실제 삶의 자리에서
버티다 무너지고,
다시 붙들림을 경험했던
예수님과의 동행의 기록들입니다.

Day 1부터 Day 33까지는
회개와 자기 인식에서 시작하여
말씀과 동행,
자기 부인과 갈급함,
공동체와 시험,
회복과 광야의 길을 지나도록 구성했습니다.

그리고 Day 34부터 Day 40까지
고난주간 묵상은
제가 이전에 집필한
《십자가에서 만난 예수 그리스도》(위드지저스)를 바탕으로,
가상칠언의 말씀 앞에 다시 서며
묵상으로 정리한 글들입니다.

고난주간의 묵상은
'설명하는 시간'이 아니라

'함께 서는 시간'이기를 바랐습니다.
십자가 앞에서 말을 줄이고,
해석을 멈추고,
주님이 우리를 위해 끝까지 걸어가신 길이
마음 깊은 곳에 가라앉도록
조용히 머무는 시간이 되기를 소망했습니다.

이 묵상집을 읽는 분들에게
권하고 싶은 것이 있습니다.
이 묵상집은
읽고 덮는 책이 아니라
독자의 묵상으로 완성되는 책이라는 사실입니다.

그래서 이 책자에는
각 Day마다
사순절 묵상일기를 직접 기록할 수 있는
공간을 함께 편집했습니다.

잘 쓰려고 애쓰지 않아도 됩니다.
경건해 보이려고 정리할 필요도 없습니다.
한 줄이면 충분합니다.

오늘 주님께서 주신 마음,

동행을 의식했던 순간,

놓쳤던 시간에 대한 정직한 고백,

다시 붙들게 된 은혜를

있는 그대로 적어보십시오.

그렇게 40일을 지나며

우리는 어느새

더 자주 예수님을 떠올리고,

더 자주 예수님께 묻고,

더 자주 예수님의 마음으로 반응하는

자신을 발견하게 될 것입니다.

사순절의 가장 큰 열매는

더 많은 이해가 아니라

더 깊은 동행입니다.

사순절의 끝에는 부활이 기다리고 있습니다.

그러나 저는 믿습니다.

부활은 먼저 죽음을 통과한 사람에게만

실재가 된다는 것을.

이 40일의 여정이
우리 모두를 십자가 앞에 정직하게 세우고,
결국은
주님과 다시 동행하는 자리로
이끌기를 기도합니다.

"주님, 이번 사순절에는
조금만 더 주님 가까이
가게 하소서."

나는 죽고,
이제 주님으로 살기 위하여.

유기성

| 편집자 주 |

이 책에 실린 예수동행일기는 저자인 유기성 목사의 육필 동행일기입니다. 누군가에게 보이기 위한 글이 아닌 개인적인 일기이기 때문에 일기의 '이다' 체를 '습니다' 체로 통일하여 정중히 바꾸었음을 밝힙니다.

이 책은 사순절 40일의 여정을 묵상과 함께 자신의 묵상일기를 쓰면서 예수님과 더 가까이 동행할 수 있도록 준비되었습니다.

Step 1 DAY 1부터 말씀을 읽고 저자의 예수동행일기를 읽습니다.

이것은 저자가 수년간 사순절 기간에 썼던 일기 중 주제별로 가려 뽑은 것으로 '회개와 자기 인식', '말씀과 동행', '자기 부인과 갈급함', '공동체와 시험', '회복과 광야'의 길을 차례로 지날 수 있도록 구성되었습니다. 이것은 삶의 자리에서 버티다 무너지고 다시 붙들림을 경험했던 저자의 예수동행 기록으로, 주님을 바라보고 주님을 생각하고 주님께 붙들려 하루를 살아가고자 하는 우리에게도 시사점을 줄 것입니다. 특히 DAY 34부터 DAY 40까지 고난주간 묵상은 가상칠언의 말씀 앞에 정직히 서도록 도울 것입니다.

Step 2 나의 예수동행 묵상일기를 작성합니다.

사순절 예수동행 40일 묵상은 40일간 계속되기 때문에 매일의 묵상과 동행의 실천을 직접 기록할 수 있습니다. 저자는 잘 쓰려고 애쓰지 않아도 되고 한 줄도 좋으며 특별히 동행을 의식했던 순간 뿐만 아니라 동행을 놓쳤던 시간에 대한 정직한 고백을 있는 그대로 적어보라고 권하고 있습니다. 그래야 다시 붙들리는 은혜를 경험하게 되기 때문입니다.

Step 3 하단의 점검표로 사순절 경건훈련을 통한 신앙생활을 매일 점검합니다.

사순절이라는 각별한 예수동행의 기간에 특별새벽예배 참석, 40일 작정기도, 복음서 통독, 정한 금식과 절제 항목(음식, 커피, 미디어, 쇼핑 등) 등 개인적으로 작정한 거룩한 삶을 실천하면서 더욱 주님께만 집중합니다.

Step 4 오늘도 주님이 함께하심에 감사하는 기도로 마무리합니다.

내 안에 거하는 말씀

우리는 무익한 종이라 우리가 하여야 할 일을 한 것뿐이라
누가복음 17:10

순종은 특별한 헌신이 아니라 우리가 해야 할 마땅한 고백이며, 주님 앞에 서는 가장 안전한 자리다.

예수동행일기

새벽기도회에서 주시는 말씀이 있었습니다.
내가 진심으로 가난한 자에게
재물을 나누어주었는가 하는 질문이었습니다.
부흥회 사례를 받지 않은 것을
마치 큰일처럼 여긴 마음이 부끄러웠습니다.

하나님의 것을 하나님이 쓰시는 곳으로 드린 것이
무슨 자랑이 될 수 있겠습니까?
당연한 일인데도 '내가 했다'라는
생각이 남아 있었음을 회개했습니다.

이런저런 일로 분주한 것이 아쉽기도 했습니다.

그러나 바로 이 분주한 일상 속에서
24시간 주님을 바라보는 것이
'진짜 훈련'이라는 사실을 깨닫게 되어 감사합니다.
2011. 4. 8

나의 예수동행 묵상일기

오직 주님과 하나 됨을 힘써 지키겠습니다

회개와 자기 인식

▎ 내 안에 거하는 말씀

아버지 저들을 사하여 주옵소서 자기들이 하는 것을 알지 못함이니이다
누가복음 23:34

주님의 오심을 기다리는 마음은 앞으로 좋은 일이 일어나리라 기대하는 것이
아니라 십자가 앞에서 자신의 삶을 철저히 돌아보며 회개하고 주님과 하나
됨을 새롭게 하려는 갈망이다.

▎ 예수동행일기

아침에 일어나 기도하자마자
"주 예수여, 어서 오시옵소서"라고 기도했습니다.
그렇게 기도하는 데 얼마나 담대함이 필요한지
새삼 놀랐습니다.
마음에 임하신 주님을 기뻐하며
즐거이 순종하는 삶을 살 때에야
드릴 수 있는 기도임을 깨달았습니다.
민족을 위해 기도하는데,
우리 민족에게 분열과 전쟁의 아픔이
너무 깊다는 것을 느꼈습니다.
이것을 치유하고 화해할 수 있는 길은 십자가뿐입니다.
회개와 용서와 화해의 십자가 능력이
우리 민족 가운데 임하기를 기도했습니다.

한국 교회가 영적인 깊은 잠에서 깨어나
죽은 자 가운데서 일어나야 함을 깨닫습니다.
이것이 제 사명입니다.
오늘 있는 장로 수련회에
성령의 역사가 강하게 임하기를 기도했습니다.
기도 중 주님이 주신 말씀은 무겁고 두려웠습니다.
그러나 주님은 그 두려움을 거두어주셨습니다.
우리가 하나님나라의 열매 맺는 백성임을
알게 하셨기 때문입니다.
하나님나라의 열매를 맺는 일은 주님이 하실 일입니다.
두려워하지 않고,
오직 주님과 하나 됨을 힘써 지키겠습니다.

오직 주님과 하나 됨을 힘써 지키겠습니다

▌ 내 안에 거하는 말씀

너희는 믿음 안에 있는가 너희 자신을 시험하고 너희 자신을 확증하라
고린도후서 13:5

우리가 항상 점검해야 할 것은 우리의 믿음이다. 믿음은 계속 변한다. 그러므로 우리가 정말 믿음 안에 있는지 정직하게 점검하여야 할 것이다.

▌ 예수동행일기

주님께서 오늘부터는
주님을 바라본 시간을 기록하는 것이 아니라,
오히려 주님을 바라보지 못한 시간을
기록하라고 말씀하셨습니다.
그래서 그대로 순종해보려 합니다.
오늘 하루를 돌아보니 오후에 잠깐 운동할 때
주님을 바라보아야 한다는 생각조차 하지 못했습니다.
지루함을 이기기 위해 TV를 보는 습관이
문제임을 분명히 알게 되었습니다.
내일부터는 대책을 세워야 할 것 같습니다.
저녁 신대원 제자훈련 개강 모임에서도
참여자가 적은 것에만 마음이 쓰였습니다.
주님에 대해 강의를 하면서도

정작 주님의 임재를 바라보지 못한 것이
통탄할 일입니다.
이렇게 하루를 점검하다보니
다시 주님을 갈망하는 마음이 제 안에서 살아납니다.

2013.3.14.

▌내 안에 거하는 말씀

내 양은 내 음성을 들으며 나는 그들을 알며 그들은 나를 따르느니라
요한복음 10:27

매 순간 주님의 음성에 귀 기울이며 살아야 한다. 주님의 음성을 들으려면 말씀 앞에 오래 머무는 시간이 필요하다.

▌예수동행일기

오늘 아침,
불현듯 주신 말씀이 마음에 깊이 남습니다.
예수님의 인도하심을
단순한 느낌으로 이해하려 하지 말라는 것입니다.
느낌만 붙들면 혼란이 옵니다.
분명히 예수님의 말씀이라고 깨달은 것만
인도하심으로 받아야 합니다.
신명기 말씀을 묵상하며 말의 무게를 다시 깨닫습니다.
원망과 탄식, 불신의 말이
하나님의 마음을 얼마나 아프게 하는지 생각해봅니다.
내 말 가운데 하나님이 슬퍼하실 말은
없었는지 돌아봅니다.
지도자의 책임이 얼마나 무거운지도 새삼 느낍니다.

하루를 돌아보며 더 분명히 깨닫습니다.

장례 예배를 인도할 때,

주님이 주시려던 분명한 말씀이 있었는데

그것을 충분히 묻지 못했습니다.

그 자리는 고인이 된 성도만을 위한 자리가 아니라

그의 아내와 두 아들을 위한 메시지가

필요했음을 뒤늦게 깨닫습니다.

말씀을 준비할 때

더 주님을 바라보지 못한 것이 너무 안타깝습니다.

2011.3.4.

내 안에 거하는 말씀

너희 믿음의 시련이… 칭찬과 영광과 존귀를 얻게 하려 함이라
베드로전서 1:7 개역한글

환경이 어렵고 시련이 닥칠 때, 우리의 믿음의 실상이 드러난다. 예수님과의
동행은 환경이나 형편이 아니라 주님과의 관계에서 좌우된다.

예수동행일기

교회에 모이지 못하게 되자 교회와 목회자,
교인들의 영적 실상이 드러납니다.
진정한 교회와 이름만 교회가 갈라집니다.
진정한 주의 종과 종교인이 갈라집니다.
교회만 다니는 자와 주님과 동행하는 자가 갈라집니다.
영이 살아 있는 자는 주님과 더욱 하나 되지만,
영이 죽은 자는 완전히 무너지고 있습니다.
많은 목회자가 사역하는 것으로
자신이 하나님의 일을 하는 줄 착각합니다.
교인들은 교회에 모일 수 없고
교제할 수 없으면 믿음이 무너지는 것이 심각합니다.
십자가 구원의 믿음은 있으나
주님이 함께 계심은 믿어지지 않습니다.

주님은 제 안에 계속 질문을 주십니다.
아무것도 할 수 없을 때 주님과 동행하는가?
모일 수 없는 정도가 아니라
핍박이 닥치면 견뎌낼 수 있을까?
주님의 음성은 듣는가?
주님이 여전히 함께하심이 믿어지는가?
정말 예수님 한 분이면 충분한가?

나의 예수동행 묵상일기

정말 예수님 한 분이면 충분한가?

내 안에 거하는 말씀

나를 위하여 울지 말고 너희와 너희 자녀를 위하여 울라

누가복음 23:28

주님은 정죄 대신 눈물로 회복의 길을 여신다. 통곡은 다시 시작하게 하는 은혜다.

예수동행일기

아침에 머리가 아플 정도로 마음이 심난해서
누가복음을 읽었습니다.
말씀을 통하여 주님은
"너희 자신을 위하여 울라"고 하셨습니다.
그런데 기도를 해도 마음이 눌리는 것이
좀처럼 해결되지 않았습니다.
오전 이스라엘 박물관에 가려는 일정을 취소하였습니다.
좀 더 주님만 바라보고 싶었습니다.
저를 위하여 웁니다.
기도하면 자꾸 세월호의 선장 생각이 났습니다.
'그는 왜 선장이 되었을까?
선장이라 불리는 것이 좋아서?
비록 배 안이지만 왕 노릇하는 것이 좋아서?

선장의 자리, 얼마나 두려운 자리인가!
선장은 죽음을 각오해야 하는 자리인데,
선원들의 생명을 책임져야 하는 자리인데,
준비되지 못한 선장,
얼마나 위험하며 두려운 일인가!'
저 자신이야말로 준비되지 못한,
미숙하고 무책임한 선장 같다고 생각되었습니다.
그 생각을 하면 자꾸 눈물이 납니다.
'나는 잘할 수 있을까?' 두려운 마음뿐입니다.
담임목사의 자리에서 내려서고 싶습니다.
그러나 내려설 수도 없게 되었습니다.
많은 사람이 뒤를 따라옵니다.
저는 계속 나아가야만 합니다.
세월호 선장이 꼭 저 같습니다.
하루 종일 마음이 너무 눌리고 너무 우울하였습니다.
이처럼 속이 터질 것 같은 답답함을
이전에는 경험해보지 못하였습니다.

내 안에 거하는 말씀

내 안에 거하라 나도 너희 안에 거하리라

요한복음 15:4

아무것도 할 수 없을 것 같은 마음이 든다면 실패가 아니라 주님 안에 머물라
는 초대임을 알아야 한다.

예수동행일기

지난 주일부터 말씀을 준비하면서
주님이 주시는 마음은
분명히 새 교회를 준비하는 것이었습니다.
다시 모일 때,
교인들이 주님과 친밀히 동행하는 훈련을 하다가
모이게 하라는 것이었습니다.
그 어느 때보다 강력한 충격 요법이며,
엄청난 훈련의 기회라는 생각이 들었습니다.
코로나로 사역이 중단된 세 번째 주간을 맞이합니다.
이 기간이 허송세월이 아니기를 갈망합니다.
두고두고 기억될 유익한 시간이 되었으면 합니다.
주님이 한 걸음씩 인도하십니다.
평소에 순종하지 못했던 많은 것이 회복되었습니다.

감사합니다.

교회에서의 예배와 모임이 중단되고

영상예배로 전환되어 사역이 없어진 목회자들도 있지만,

제 사역은 거의 변함이 없습니다.

오히려 신경 쓰이는 일이 많아졌습니다.

우리 교회만이 아니라

한국 교회와 나라의 형편에 대한 긴장감이 커지면서

영적 압박감이 말할 수 없이 커지고 있습니다.

어쩔 수 없이 앞장서야 할 위치에 있기에

나선 일들로 인해 영적 공격도 많아졌습니다.

무엇보다 책임 있는 말과 행동이 요구되는 시기여서,

시대와 미래를 읽는 경륜이 필요하다는 부담이

마음을 짓누릅니다.

2020.3.8.

주님이 한 걸음씩 인도하십니다

Day 7

▎내 안에 거하는 말씀

너희는 가만히 있어 내가 하나님 됨을 알지어다

시편 46:10

침묵은 아무것도 하지 않는 것이 아니라 하나님의 주권 앞에 멈추는 믿음이다.

▎예수동행일기

감사한 것은 새벽기도회 때
깊이 기도할 수 있다는 것입니다.
그러나 이스라엘로 출국할 날이 다가오니
하루 종일 매우 분주했습니다.
서울구치소에 면회를 다녀오고,
비서실 사역자들과 점심식사를 하고,
지라니 합창단 이사회 결과 보고를 받고,
서재를 정리하고,
집에 오신 장모님을 안산에 모셔다드렸습니다.
또 수술 후 요양 중인 수원 어머님을 찾아뵙고
인사를 드렸습니다.
걱정하지 말고 잘 다녀오라 하셨지만,
몸이 온전치 못하신데

출국을 하게 되어 마음이 무거웠습니다.
막상 6개월을 떠나려 하니 작아 보이지만
그냥 넘길 수 없는 일들이 참 많았습니다.
밤 11시 가까이 되어서야 집에 돌아왔습니다.
평소에 정리된 삶을 살아야 한다는 것을
절실히 느낀 하루였습니다.
순간순간 주님이 주시는 마음을 깨닫지만,
너무 자주 끊어져 깊은 묵상으로
이어지지 못한 것이 아쉬웠습니다.

말씀과 동행

▎ 내 안에 거하는 말씀

주의 말씀은 내 발에 등이요 내 길에 빛이니이다
시편 119:105

하나님께서는 미래를 한번에 보여주지 않는다. 말씀으로 한 걸음 앞을 비출
뿐이다. 그 빛을 따라 걷는 것이 순종이다.

▎ 예수동행일기

오늘도 잠자리에서 새벽기도회 때 전할 말씀이 떠올라,
일어나자마자 설교 원고를
다시 정리하느라 분주했습니다.
주신 말씀의 영감은 감사했지만,
조금 더 일찍 깨우쳐주셨다면
더 잘 준비할 수 있었을 텐데 하는 생각이 들었습니다.
그렇게 기도하려는 순간,
주님께서 이미 그렇게 하고 계신다는
마음을 주셨습니다.
말씀 준비를 시작할 수 있었던 것 자체가
이미 주님의 은혜였다는 사실을 깨닫게 되었습니다.
기도할수록 은혜는 더 깊어졌습니다.
처음 받은 은혜에 만족하고 더 기도하지 않았다면,

그것 역시 은혜였겠지만 아쉬움이 남았을 것입니다.

계속 기도했기에 은혜가 더 깊어졌음을 알게 됩니다.

그래서 더 이상 '일찍 말씀을 주세요'라고

기도하지 않기로 했습니다.

할 수 있는 한 계속 붙잡고 기도하며, 또 기도하며

말씀을 준비할 것입니다.

오늘 말씀을 전하며

우리를 위하여 저주받으신 주님을 묵상했습니다.

그로 인해 우리가 결코 하나님께 버림받지 않을 것과

다른 이들의 위로자와 버팀목으로

부름받았다는 사실에 감사했습니다.

무엇보다도 감사한 것은

이것이 단순한 지식이 아니라

제 고백이 되었다는 사실입니다.

2018. 3. 28.

Day 9

▌내 안에 거하는 말씀

감사함으로 그의 문에 들어가며 찬송함으로 그의 궁정에 들어가서…
시편 100:4

믿음은 이해보다 무조건적인 감사와 찬양으로 드러난다. 상황과 형편을 초월하여 하나님께 드리는 감사와 찬양이 영혼을 다시 살린다.

▌예수동행일기

오늘 새벽 알람이 울렸을 때
몸이 몹시 피곤하여 더 자야 할 것 같았습니다.
그런데 그 순간 알람 소리가
'이 얼마나 복된 소리인가'라는 생각으로 바뀌었습니다.
어제 '믿음으로 사는 남자들' 모임에서
질문에 대답한 사람에게
열렬히 박수를 치게 하신 일이 떠올랐습니다.
처음에는 멋쩍었지만,
시키시는 대로 힘껏 박수를 치자
분위기가 확 달라졌습니다.
박수를 열심히 친 것 하나로
열기가 뜨거워지는 것이 놀라웠습니다.
기도하는 가운데 무엇보다도 하나님께 이렇게 반응하며

살아야 한다는 마음이 들었습니다.
우리가 가장 먼저 뜨겁게 반응해야 할 대상은
하나님이라는 사실이 분명해졌습니다.
그동안 하나님을 향한 제 태도가
미지근하고 무기력했음을 인정하지 않을 수 없었습니다.
그래서 잠자리를 박차고 일어났습니다.
그리고 고백했습니다.
"주여, 감사합니다.
기도할 건강을 주심을 감사합니다.
기도할 믿음을 주심을 감사합니다.
함께 기도할 교인들을 주심을 감사합니다."
그러자 오늘 새벽은
이전의 새벽과는 다르게 느껴졌습니다.
하나님의 은혜가 충만함을 깊이 경험한 새벽이었습니다.

▌내 안에 거하는 말씀

예수 그리스도와 그가 십자가에 못 박히신 것 외에는 아무것도 알지 아니하기로 작정하였음이라

고린도전서 2:2

복음은 복잡해질수록 힘을 잃는다. 오직 예수만 증거할 때 말씀의 능력이 다시 살아난다.

▌예수동행일기

오늘도 주님과 함께 하루를 시작했습니다.
부흥회가 취소되어 여유 있는 일정이 되었지만,
오히려 평범한 하루가 제 마음을
더 간절하게 만들었습니다.
아침 기도회를 준비하는 가운데
주님은 교회를 세워가는 중요한 방향을
수정해주셨습니다.
그동안 교회가 바로 서기 위해서는
사람 중심이 아니라 시스템이 잘 갖추어져야
한다고 생각해왔습니다.
그러나 주님은 시스템 이전에,
오직 주 예수님을 바라보는 원칙을
분명히 하라고 말씀하셨습니다.

공동체가 주 예수님을 바라보면 큰 역사가 일어나지만,
주 예수님을 바라보지 못하면
어떤 시스템도 결국 무너질 뿐이라는 말씀 앞에서
마음이 무거워졌습니다.
아침 예배 전 교역자들과 직원들에게
오직 주 예수님만 바라보고,
모든 일에 감사하며,
믿음으로 사역하자고 권면했습니다.

☐

☐

☐

☐

☐

☐

내 안에 거하는 말씀

겸손하게 네 하나님과 함께 행하는 것이 아니냐
미가 6:8

겸손은 내려놓음에서 시작된다. 순종은 길을 여시는 하나님께 백지위임하는
것이다

예수동행일기

아침에 눈을 뜨며 주님이 함께하심을 느낍니다.
묵상 중 미가서 말씀이 귀를 번쩍 열어주었습니다.
주님이 간절히 원하시는 것은 정의를 행하고,
인자를 사랑하고,
겸손히 하나님과 동행하는 것임을 다시 확인합니다.
어제 "24시간 주님을 바라보는 일을
계속하게 하시는 것이 분명한지
알게 해달라"고 기도했는데,
주님은 정확한 대답을 주셨습니다.
24시간 예수님을 바라보는 일이
하나님이 기뻐하시는 일임을
다시 확인시켜주신 말씀입니다.
오늘 한 목사님이 깊은 회개의 간증을 하셨습니다.

'소박한 욕심'이 욕심이 아닌 줄 알았는데,
십자가 앞에서 주님은
그것조차 내려놓으라 하셨다는 고백이었습니다.
그리고 "주여, 백지위임을 합니다"라고
눈물로 고백했을 때
놀라운 평안과 기쁨이 임했다는 말이
제 마음을 깊이 울렸습니다.

내 안에 거하는 말씀

우리는 무익한 종이라 우리가 하여야 할 일을 한 것뿐이라

누가복음 17:10

순종은 특별한 헌신이 아니라 우리가 해야 할 마땅한 고백이며, 주님 앞에 서는 가장 안전한 자리다.

예수동행일기

새벽기도회에서 주시는 말씀이 있었습니다.
내가 진심으로 가난한 자에게
재물을 나누어주었는가 하는 질문이었습니다.
부흥회 사례를 받지 않은 것을
마치 큰일처럼 여긴 마음이 부끄러웠습니다.

하나님의 것을 하나님이 쓰시는 곳으로 드린 것이
무슨 자랑이 될 수 있겠습니까?
당연한 일인데도 '내가 했다'라는
생각이 남아 있었음을 회개했습니다.

기도에 집중하고
24시간 주님을 바라보는 일에 전념해야 할 때,

이런저런 일로 분주한 것이 아쉽기도 했습니다.

그러나 바로 이 분주한 일상 속에서
24시간 주님을 바라보는 것이
'진짜 훈련'이라는 사실을 깨닫게 되어 감사합니다.

2011.4.8.

24시간 주님을 바라보는 일에 전념해야 할 때

내 안에 거하는 말씀

성령을 따라 행하라 그리하면 육체의 욕심을 이루지 아니하리라

갈라디아서 5:16

친밀함은 하루아침에 오지 않는다. 꾸준히 주님과 동행하는 훈련이 어처구니 없이 무너짐을 막아준다.

예수동행일기

아침에 일어나 묵상하며
주님과 동행해온 지금까지의 삶을 점검해보았습니다.
주님을 바라보려 애써온 삶에
과연 어떤 변화가 있었는지를 돌아보았습니다.
지난 세미나 때 한 목사님이
예수동행일기를 쓰던 1년 6개월 동안은 좋았는데
이제는 마음이 식은 것 같다고
말했던 일이 떠올랐습니다.
그 말을 들으며 제 마음도 덩달아 낙심이 되었습니다.
그러나 주님께서는 그럼에도 불구하고
주님과 동행하는 일기를 써야 하는 이유를
분명히 깨닫게 하셨습니다.
그 유익은 두 가지인데,

하나는 주님과 친밀하게 동행하는 것이고,
또 하나는 육신을 따라 살지 않게 되는 것입니다.
주님과 동행하는 일기는
친밀함에 이르기 전에
먼저 육신에 무너지는 것을 막아줍니다.
결국 일기를 계속 쓰다보면
육신을 좇아 살던 삶에서 벗어나게 됩니다.

| 내 안에 거하는 말씀

시험에 들지 않게 깨어 기도하라

마태복음 26:41

영적 실패는 피곤함의 틈에서 시작된다. 깨어 있음은 은혜를 지키는 문이다.

| 예수동행일기

오늘은 영적으로 참 힘든 하루였습니다.
특별히 바쁜 날도 아니었고
오히려 여유로운 날이었는데
더 마음이 아팠습니다.

피곤함을 틈타 생각의 시달림이 온 것 같습니다.
잠을 깨우기 위해 이리저리 책을 뒤지고,
뉴스와 인터넷을 보다가
마음이 산만해지고
준비해야 할 말씀은 지지부진해졌습니다.

아까운 시간을 허비했고
영적으로도 도움이 없었습니다.

그래도 한 가지 교훈을 얻습니다.

피곤함이 몰려오는 것을 조심해야 한다는 것입니다.

적절한 휴식과 단호한 일정 결단이

필요하다는 것을 배웁니다.

2012.3.17.

오늘은 영적으로 참 힘든 하루였습니다

오늘은 영적으로 참 힘든 하루였습니다

자기 부인과 갈급함

▌내 안에 거하는 말씀

너는 금식할 때에 머리에 기름을 바르고 얼굴을 씻으라

마태복음 6:17

금식은 비우기 위함이 아니라 주님으로 다시 채워지기 위함이다. 하나님은
숨겨진 자리, 은밀한 곳을 보신다.

▌예수동행일기

사순절 저녁 금식을 하며
받은 유익 중 하나는 '시간'입니다.
너무나 감당해야 할 일이 많고 겹치는 중에,
금식으로 인해 생긴 시간이 정말 단비 같습니다.
꼭 필요한 말씀 묵상과 기도 시간이 생겼습니다.
오늘 저녁 성령집회를 위한 기도 시간도 그러했습니다.
저녁 식사를 하지 않으니 일찍 교회 사무실에 나와
성령 집회 말씀 원고를 한 번 더 살펴볼 수 있었고,
기도할 시간도,
다음에 전할 말씀을 위해 묵상할 시간도 생겼습니다.
이번 주일은 젊은이교회 설교도 해야 하는데,
조금이라도 더 준비할 여유가 생겼습니다.
저녁 성령집회 전에

우리 마음에서 탐심이 제거되는 역사가
오직 성령으로만 가능하기에
마음이 간절한데, 기도가 부족하다 여겨져
강사 대기실에서 간절히 기도했습니다.
보혈 찬송과 보혈 기도 중에 주님이 함께하심이 감사하며
은혜에 깊이 들어갈 수 있었습니다.
말씀을 전하는데
시간이 너무 빨리 지나가는 것이 안타까웠습니다.
성령께서 역사하실 결단의 시간이 중요하기에
급히 마무리하고, 마음에서 탐심과 염려가 떠나고
남은 생애 복의 통로가 되기를
진심으로 결단하는 시간을 가졌습니다.
혼자 신앙생활하는 청년이 신장암 수술을 앞두고
기도 요청을 해 와서 안수기도하였습니다.
홀로 예수를 믿으며 투병하는 형제의
심정의 곤고함이 느껴져 애통함으로 기도했습니다.
오늘도 주님의 은혜로 살았습니다.

내 안에 거하는 말씀

나를 믿는 자는… 그 배에서 생수의 강이 흘러나오리라

요한복음 7:38

갈급함은 부족의 증거가 아니라 하나님을 향한 생명의 신호다. 주님은 그 갈급함을 외면하지 않으신다.

예수동행일기

제가 진 사역의 짐이 감당할 정도를 넘어서는 것이
큰 숙제입니다.
동행 칼럼과 매일 합심기도문 준비를 내려놓고도
하루 종일 쉴 틈 없이 말씀 준비에 시간을 쓰게 됩니다.
그러나 그 어느 것도
내려놓을 수 없는 것이 문제입니다.
그렇다면 이 모든 것을 감당할 능력을 주시는 것이
주님의 뜻이라 여겨집니다.
그래서 해야 할 일이라면 감당할 능력을 구하였습니다.
설교 한 편을 준비하는 데도
끝도 없는 에너지가 들어갑니다.
여러 편의 설교를 준비해야 하는 부담이 큽니다.
왜 이런 부담이 오는지 깊이 생각하는 중에,

목마른 교인들의 심정이 느껴졌습니다.

영혼의 갈급함, 삶의 무게, 터가 흔들리는 두려움,

주님을 애타게 부르는 바디매오의 기도가 느껴집니다.

설교 한 편에 자신의 인생 전부를 거는 기대감으로

귀 기울이는 교인들이 떠오릅니다.

주여, 제 안에서 생수의 강이 흐르게 하소서.

오늘은 동해안 바닷가를 걷고 또 걸었습니다.

걷다보니 생각이 주님께만 집중되었습니다.

지금 제게는 주님과 하나 됨이

어느 때보다 필요한 시기입니다.

2021.3.16.

☐ ☐

☐ ☐

☐ ☐

내 안에 거하는 말씀

십자가의 도가… 하나님의 능력이라

고린도전서 1:18

십자가는 남의 이야기가 될 때 능력을 잃고 나의 이야기로 받아들일 때 생명이 된다.

예수동행일기

절기 설교는 늘 어렵습니다.
고난주간 설교는 더욱 그렇습니다.
십자가 이야기는 너무나 잘 알고 있는 이야기이기에
자칫하면 재탕 삼탕이 되기 쉽습니다.
아무리 새로운 표현을 사용해도
듣는 이에게는 그 말이 그 말처럼 들릴 수 있습니다.
그래서 이번 주일 설교는 더욱 기도가 됩니다.
같은 십자가 메시지라 하더라도
성령의 역사로 인한 감동이 있을 수 있다고
믿기 때문입니다.
같은 내용이라 감동이 없는 것이 아니라,
남의 이야기이기에 감동이 없는 것입니다.
자신의 이야기는 백 번을 해도 새롭습니다.

과연 십자가 이야기가
나 자신의 이야기로 들릴 수 있을지,
그 질문 앞에 서게 됩니다.
설교를 준비하는 가운데
주님이 주시는 마음이 점점 뜨거워졌습니다.
그동안 십자가에서 허락하신 주님의 사랑을
깊이 경험하는 시간이었습니다.

▌내 안에 거하는 말씀

너희 몸을 하나님이 기뻐하시는 거룩한 산 제물로 드리라

로마서 12:1

사명은 짐이 아니라 영혼을 살리는 하나님의 방식이다. 하나님나라를 위하여 해야 할 일이 있을 때 우리 영혼이 산다.

▌예수동행일기

주일 설교를 준비하는 일이 많이 힘들었습니다.
한 주 내내 말씀이 머릿속을 맴돌 뿐
설교문으로 풀어지지 않았습니다.
'주님이 주셨다'는 확신이 없는 설교문을 붙잡고
마음이 무너지는 듯했습니다.
그렇게 몸부림치다 누웠는데,
누워서 마치 혼자 설교하듯 말이 흘러나왔습니다.
전혀 준비하지 않은 내용이 제 입에서 나오기 시작했고,
벌떡 일어나 급히 메모했습니다.
"그래, 그 말씀이었어."
주일 새벽 설교문을 다시 정리하며 깨달았습니다.
'삶으로 드리는 예배',
'너희 몸을 거룩한 산 제물로 드리라'는 말씀이

무엇인지 눈이 열렸습니다.
주일을 지나며 설교자의 사명이
힘들다고 생각했던 것을 회개했습니다.
이 사명 때문에 제 영혼이 살아나고 있음을
알았기 때문입니다.
사명은 우리를 살리시는
하나님께서 주시는 큰 복입니다.

- [ ]   [ ]
- [ ]   [ ]
- [ ]   [ ]

내 안에 거하는 말씀

너희 자신을 죄에 대하여는 죽은 자요 그리스도 예수 안에서 하나님께 대하여는 살아 있는 자로 여길지어다

로마서 6:11

죽음을 받아들일 때 비로소 자유가 시작된다. 십자가는 끝이 아니라 부활의 문이다.

예수동행일기

고난주간 특별기도회를 위하여 마련된
'예수님을 바라보는 침묵기도방'에 들어갔습니다.
완전한 어둠이 처음에는 적응하기 힘들었지만,
점차 깊은 어둠이
마치 내가 무덤에 묻힌 것 같은 느낌을 주었습니다.

무덤에 갇힌 것 같아 답답했고
두려움도 느껴졌습니다.
그 순간 생각했습니다.
정말 죽음 건너편에서 주님이 나를 맞아주실까?

나의 죽음만이 답이었습니다.
무덤에 묻힌 심정으로 한참을 무릎 꿇고 있었습니다.

죽음을 받아들이니 마음이 가벼워졌습니다.

죽었는데 져야 할 짐이 어디 있겠습니까?

주님을 바라보니 평안과 감사가 왔습니다.

짧은 시간이었지만 아주 깊은 체험이었습니다.

2017.4.11.

내 안에 거하는 말씀

내가 그리스도와 함께 십자가에 못 박혔나니…

갈라디아서 2:20

십자가는 그저 고백만 하는 것이 아니라 삶의 자리다. 그 자리에서 나의 옛사람이 내려진다.

예수동행일기

주님을 깊이 갈망하며
하루를 보내고 말씀을 준비했습니다.
주의 제자의 길이 어떤 길인지
깊이 생각하게 해 달라는
기도가 나왔습니다.

자기 십자가를 지고
주님을 따라야 하는 길,
모든 것을 버리지 않으면
갈 수 없는 길 앞에서
저 자신이 너무 부끄러웠습니다.

'힘들다' 말할 자격이 없음을 깨달았습니다.

사역을 확장시키는 것보다

저 자신이 이 말씀대로

사는 자가 되는 것이

먼저임을 다시 붙잡습니다.

2017.3.11.

주님을 깊이 갈망하며

▌내 안에 거하는 말씀

겉사람은 낡아지나 우리의 속사람은 날로 새로워지도다

고린도후서 4:16

고난은 소멸이 아니라 새로워짐의 통로다. 속사람은 고난 속에서 자란다.

▌예수동행일기

오늘은 몸과 마음이 모두 쉽지 않은 주일이었습니다.
충분히 잠을 자고 싶었지만,
이상하리만큼 마음이 흥분되어
깊은 잠을 이루지 못했습니다.
그럼에도 오늘 주신 말씀의 은혜는
제게 참으로 컸습니다.
특히 구원받는 믿음의 실체가
분명히 정리된 것이 무엇보다 감사했습니다.
제한된 시간 속에서
디테일한 강해를 생략해야 했던 아쉬움도 있었고,
성도들의 결단을 돕기 위해 예증을 더 넣고 싶은 마음에
마무리를 과감히 압축하기도 했습니다.
말씀을 다 전하지 못한 듯한 느낌도 들었지만,

정해진 시간을 지킬 수 있었던 것 역시
감사한 일이었습니다.
예배가 거듭될수록 몸은 점점 지쳐갔지만,
심령은 어느 주일보다 충만했습니다.
예배 사이 기도 시간에는
성령님의 강한 만지심이 있어
주 예수님의 이름만 부르며 많이 울었습니다.
젊은이교회 설교를 감당할 수 있을지 염려도 되었지만,
주님은 설교할 힘을 주셨습니다.
세련되지는 않았지만,
말씀을 전하며 주님의 마음을 느낄 수 있었습니다.
그것으로 충분하다고 믿습니다.

공동체와 시험

Day 22

❙ 내 안에 거하는 말씀

누구든지 자기 십자가를 지고 나를 따르지 않는 자도 능히 내 제자가 되지
못하리라

누가복음 14:27

제자의 길은 이해의 문제가 아니라 결단의 문제다. 붙들고 있던 것을 내려놓
을 때 비로소 주님을 따를 수 있다.

❙ 예수동행일기

오늘은 주님을 깊이 갈망하며 하루를 보내고
말씀을 준비했습니다.
오늘 말씀으로 기도하는데
"주의 제자의 길을 가는 것이 어떤 길인지
깊이 생각하고 가게 하소서" 하는 고백이 나왔습니다.
주의 종의 길은
가족이나 자신의 목숨조차
미워하지 않으면 갈 수 없는 길입니다.
자기 십자가를 지고 주님을 따라야 하는 길입니다.
모든 것을 다 버리지 않으면 갈 수 없는 길입니다.
말씀을 묵상하면서 저 자신을 돌아보았습니다.
너무나 부끄러웠습니다.
제게는 '힘들다', '죽겠다', '못 하겠다'

할 자격이 없음을 깨달았습니다.
누가 이렇게 살 수 있겠습니까?
과연 이렇게 주의 제자가 될 사람이 몇이나 되겠습니까?
그렇습니다.
주님과 연합한 자만이 그 길을 갈 수 있습니다.
주님의 임재를 아는 자만이,
주님과 친밀히 동행하는 기쁨을 가진 자만이
이 길을 갈 수 있습니다.
사역을 확장시키는 것보다
저 자신이 이 말씀대로 사는 자가 되는 것이
먼저입니다.
오늘은 충청도의 한 교회에
담임목사를 추천하는 일을 했습니다.
은퇴하시는 목사님과 장로님 사이가 좋지 않아
목사를 추천하고 싶지 않았던 교회였는데,
목사님과 장로님이 극적으로 화해하여
제가 추천하는 목사를 무조건 받기로 합의하고
추천을 요청해온 것입니다.
하나님의 역사는 이렇게도 되는구나 깨달아지고,
또 너무나 큰 책임감에
추천하는 마음이 무거웠습니다.

내 안에 거하는 말씀

그런즉 선 줄로 생각하는 자는 넘어질까 조심하라

고린도전서 10:12

시험은 넘어졌을 때보다 서 있다고 생각할 때 찾아온다. 겸손만이 우리를 지켜준다.

예수동행일기

오전에 마음이 철렁 내려앉는 전화를 받았습니다.
오전 강의에 집중해야 했기에
그 문제를 마음 한편으로 밀어두고 기도만 했습니다.
세미나를 모두 마친 후 교회로 돌아오며
관련된 분에게서 자세한 사정을 들었습니다.
정말 난감했습니다.
우리 교회 역시 시험에 얼마나 취약한지
다시 한번 깨닫게 되었습니다.
교회의 리더들이 진정으로
'나는 죽고 예수로 살지 않으면'
큰일이라는 사실을 알아야 함을 느꼈습니다.
24시간 주님을 바라보는 일이
말로만 되어서는 안 된다는 것도 분명해졌습니다.

제게 주어진 부담이 결코 가볍지 않습니다.

문제를 풀어보려 애쓰는 가운데,

교회 안에서 무분별하게 퍼지는 말의 문제가

얼마나 심각한지도 드러났습니다.

스스로 지도자임을 인식하지 못하는 것도 문제이고,

지도자다운 성숙함과 분별이 없는 것 역시 문제입니다.

감사하게도 이번 일로

가장 큰 고통을 겪은 분과 만나 눈물로 기도하며,

오직 주께서 이끄시는 대로 순종하기로 약속했습니다.

사람의 마음으로 해결할 수 없는 문제였기에,

성령께서 역사하셨다고 믿습니다.

내 안에 거하는 말씀

평안의 매는 줄로 성령이 하나 되게 하신 것을 힘써 지키라

에베소서 4:3

하나 됨은 성령의 그 어떤 은사보다 더 큰 능력이다. 주님과의 연합이 무너지면 부흥은 오히려 시험이 된다.

예수동행일기

성금요일 기도회가 성령님의 인도하심 가운데
진행되기를 계속해서 기도했습니다.
전할 메시지와 성찬식을 인도하는 일에 대해
주님의 마음을 주신 것에 감사드립니다.
교회 안의 성령 사역이
점점 더 깊은 은혜의 자리로 들어가기를 갈망합니다.
예수동행일기를 통해 주님과 동행하는 삶을
훈련시키기 위해서는 반드시 성령님의 강한 역사하심이
필요함을 절실히 느낍니다.
그러나 교인들 가운데 예수동행일기를 강조하는 데서
오는 부담감이 있다는 이야기도 들었습니다.
또 강하고 충만한 성령의 역사를 기대하는 마음이
채워지지 않아 허전함을 느끼는 분들도

있다는 말도 들었습니다.

예수님 자신보다 예수님이 주실 능력과 축복과 결과를

더 사모하는 심리는 어디나 같다는 사실을 보게 됩니다.

오랫동안 예수님과 친밀한 관계를 쌓아가는 일은

지루하고 답답하게 느껴지고,

순간적인 능력이나 기적과 같은 체험을 통해

영적 답답함도 해결되고,

당면한 문제들도 풀리기를 갈망하는 욕구가 얼마나 위험한지

그렇게 많은 경험을 하고도

깨닫지 못하는 현실이 안타깝습니다.

주님과의 하나 됨보다 성령의 능력과 세상적인 축복만을

강조하다가 개인도 교회도 큰 미혹에 빠져

무너지는 모습을 너무나 많이 보아왔습니다.

그럼에도 여전히 문제가 닥치면

주님 자신보다 문제 해결과 체험을 먼저 찾는 것이

인간의 연약함임을 고백합니다.

"반드시 부흥을 주시겠지만, 시험을 대비하라"고 하신

주님의 말씀이 다시 떠오릅니다.

점심 금식을 하며 주님의 마음을 받았습니다.

예수동행일기를 쓰는 삶은

끊을 것을 끊고, 버릴 것을 버리며,

마음의 아주 작은 죄까지도

조심하는 삶임을 다시 새깁니다.

▌내 안에 거하는 말씀

양은 그 오른편에 염소는 왼편에 두리라

마태복음 25:33

마지막을 바라볼 때 지금의 자리가 분명해진다. 정확한 분별은 하나님 앞에 선 순간의 시선에서 시작된다.

▌예수동행일기

말씀을 붙잡고 기도하는 중에
지금이 한국 교회 안에 산 교회와 죽은 교회를
가르는 기간이라는 생각이 들었습니다.
교인들도 진정한 하나님의 자녀와 종교인이
갈라지고 있음을 깨닫게 되었습니다.
교인 수가 많아도 진정으로 건강한 교회가 있고,
그저 살이 찐 교회가 있을 것입니다.
지금은 교인 전원이 다시 모일 것인가,
얼마나 많은 교인이
가정에서 인터넷 예배를 드릴 것인가,
떨어져 나가는 이들은
얼마나 될 것인가를 걱정할 때가 아닙니다.
우리가 하나님의 오른편에 설 것인가,

왼편에 설 것인가를 걱정해야 할 때입니다.
목회자도, 교인도 마찬가지입니다.
이 상황 속에서 성령의 말할 수 없는 탄식을 느끼는
목회자가 있고, 전혀 그렇지 않은 목회자도 있습니다.
그러나 누구도 다른 이를 판단할 수는 없습니다.
오직 자신만이 알 것입니다.
자신의 상태가 심각함을 아는 자는 복이 있습니다.
자신의 문제를 깨닫지 못하는 이들이 많습니다.
영이 죽은 사람이거나 깊은 세상 잠에 빠진 사람입니다.
새벽기도회 시간은 참으로 두려운 시간이었습니다.
마음이 너무나 안타까웠습니다.
지금이 끝은 아니겠지만, 분명한 것은 얼마 남지 않은
영적 분별과 돌이킴의 기회라는 사실입니다.

나의 예수동행 묵상일기

☐

☐

☐

☐

☐

☐

내 안에 거하는 말씀

여호와께서 집을 세우지 아니하시면 세우는 자의 수고가 헛되며…
시편 127:1

주님이 세우지 않으시면 모든 수고는 헛되다. 순종은 주님과의 관계를 다시
세우는 길이다.

예수동행일기

새벽 알람이 울리지 않아
준비기도회에 참석하지 못했습니다.
큰 잘못은 아니지만, 마음이 개운하지 않았습니다.
그러면서 새벽에 나오지 못하거나
늦게 나오는 이들의 사정을
조금 더 헤아리게 되었습니다.
목사 밴드 시간에는 겟세마네에서 기도하시는
주님의 말씀을 붙잡고 오래 기도했습니다.
목사님들의 성향과 영적 분위기가
서로 다른 것이 장점이 되기도 하지만,
때로는 산만하게 느껴지기도 합니다.
제 역할의 무게가 크다고 느끼며,
언제까지 주도적으로 이끌어야 할지,

어느 지점에서 자율에 맡겨야 할지 고민합니다.

하나 된 공동체를 위해 성숙한 중간 리더와

신실한 복종의 훈련이 더욱 필요함을 절감합니다.

오늘은 마음에 큰 부담으로 남아 있던 분을

꼭 만나야 한다는 감동이 있어

연락을 드리고 찾아가 만났습니다.

서로의 오해를 풀고 마음을 나누는 시간을 가졌습니다.

주님께서 하셨습니다.

돌아오는 길이 평안했습니다.

목회가 참 어렵다는 사실을 다시 깨닫습니다.

모든 사람을 품으려는 욕심을 내려놓고,

오직 순종으로 나아가야 함을 배웁니다.

2015.4.2.

Day 27

▌내 안에 거하는 말씀

허다한 증인들이 있으니… 인내로써 우리 앞에 당한 경주를 하며
히브리서 12:1

우리의 신앙은 감출 수 없다. 우리는 보이지 않지만, 허다히 많은 증인들 앞에서 삶으로 복음을 말하고 있다.

▌예수동행일기

저녁 부흥회를 준비하며
호텔 로비에 내려가 책을 보고 있었습니다.
그때 옆자리에 앉은 사람이
개인적인 이야기를 큰소리로 하는 바람에
의도치 않게 듣게 되었습니다.
혼자인 남자분이었는데,
말하는 내용을 보니 재산이 꽤 있는 사람처럼 보였고
주변에 다가오는 여자들에 대한
민망한 이야기들도 있었습니다.
그런데 듣다보니 그가 교인이었고,
간간이 믿음 있는 여자를 만나고 싶다는 말도 했습니다.
그의 말과 행동 사이의 괴리가 너무 커서 난감했습니다.
마침 그날이 누군가를 소개받는 날이었는지

한 여자분이 다가와 인사를 나누었습니다.

그런데 그 여자분이 옆자리에 앉아 있던 저를 알아보고

제 설교를 자주 듣고 있다며 반갑게 인사를 했습니다.

상황이 몹시 난감해졌습니다.

자기 이야기를 큰소리로 하던 남자분은

당황한 기색이 역력했고, 곧 황급히 자리를 옮겼습니다.

그 순간 허다히 많은 증인들이

항상 지켜보고 있음을 깊이 깨달았습니다.

내 안에 거하는 말씀

무리를 보시고 불쌍히 여기시니…
마태복음 9:36

긍휼은 우리 신앙의 근본이며 사명의 동기이다. 주님은 먼저 무리들을 보시고, 그다음에 우리를 보내신다.

예수동행일기

한동대 교수 직원 예배에 참석하여 설교하였습니다.
예배 후 많은 교수님들이 나와 인사를 건넸습니다.
한 외국인 교수는 아내가 제 설교를 자주 듣고 있어
관심을 갖고 왔다고 했습니다.

점심 식사는 한동대 구내병원인
보아스병원의 고준태 원장 내외,
그리고 교목실 목사님들과 함께했습니다.
그들은 참으로 신실한 하나님의 사람들이었습니다.

점심 후, 한동대 캠퍼스 한가운데 잔디광장에 세워진
'기도의 장막'을 찾았습니다.
그 안에서 기도하는데 눈물이 쏟아졌습니다.

주님의 임재를 너무나 강하게 느꼈습니다.

"이곳에 내 사랑하는 청년 중 방황하는 이들이 많다.
그들이 나를 보게 하라."
주님의 이 말씀 앞에서 왜 제가 이곳에 와서
말씀을 전하게 되었는지 분명해졌습니다.
2019.3.13.

회복과 광야

내 안에 거하는 말씀

길에서 우리에게 말씀하시고 우리에게 성경을 풀어주실 때에 우리 속에서 마음이 뜨겁지 아니하더냐 하고

누가복음 24:32

회복은 상황이 바뀌어서가 아니라 말씀 가운데 주님을 다시 만날 때 시작된다. 마음이 다시 뜨거워지는 것이 회복의 증거다.

예수동행일기

아침에 주님을 묵상하는데,
주님이 조용히 말씀하셨습니다.
엠마오 가는 길이 단지 섬겨야 할 사역이 아니라
'나를 위해 준비된 길'임을 깨닫게 하셨습니다.
전혀 생각하지 못했던 사실이라 놀랐습니다.
성찬을 준비하며 묵상하는 중에
성찬이 주님을 실제로 뵙고 만지고
하나 되는 은혜의 시간임을 알게 하셨습니다.
그리고 실제로 오늘 아침 성찬에서
주님의 만지심이 깊이 임했습니다.
죄책감에서 나를 풀어주셨고,
마음 깊은 곳까지 회복시키셨습니다.
성찬 예문을 읽는 동안 울먹였고,

받을 때는 눈물이 쏟아졌습니다.

오늘의 성찬은 제가 집례했지만,

사실은 저를 위한 성찬이었습니다.

엠마오를 섬기는 것이 나를 짓누르는 짐이 아니라

나를 위해 준비된 주님의 은혜의 시간임을 알게 됩니다.

주님은 오늘 제 안의 완고함을 꺾으셨습니다.

제 판단과 느낌이 여전히 강하고,

완벽주의가 여전히 나를 묶고 있음을 봅니다.

시간이 없을 때조차

예수동행일기를 못 쓴다고 여긴 것도

그 완벽주의 때문이었습니다.

한 줄이면 충분한데 스스로를 몰아붙였습니다.

정직한 고백이 아니라

평가받는 도구로 여기고 있었음을 회개합니다.

내 안에 거하는 말씀

내 영혼아 네가 어찌하여 낙심하며 어찌하여 내 속에서 불안해 하는가 너는
하나님께 소망을 두라

시편 42:11

소망은 감정이 아니라 방향이다. 낙심 속에서도 하나님께 시선을 두는 믿음
이 소망이다.

예수동행일기

잠에서 깨어났을 때,
마음이 텅 빈 것 같은 공허감에 당황했습니다.
아무것도 할 일이 없는 것 같고,
모든 것이 다 무의미하게 느껴지는 상태에
잠시 시달렸습니다.

그때 주님께서
"한 걸음씩 믿음으로 나아가라"고 하시는
마음을 주셔서 자리에서 일어났습니다.

희망이 없어진 사람은
얼마나 힘들까 하는 생각이 들었습니다.
그러고 보니 눈에 띄지 않게,

그러나 한순간에 희망을 잃고

절망의 나락으로 떨어지는

이들이 참 많음을 깨닫습니다.

마음을 약하게 먹어서는 안 된다는 책망이

마음에 남습니다.

2018.2.24.

내 안에 거하는 말씀

그가 찔림은 우리의 허물 때문이요… 그가 징계를 받음으로 우리는 평화를
누리고

이사야서 53:5

십자가의 은혜는 정죄가 아니라 회복이다. 그 은혜가 심령을 다시 살린다.

예수동행일기

고난주간 특별새벽기도회 마지막 날입니다.
이번 주간 특새에 나오는 교인들이 은혜받느냐 아니냐의
상당 부분이 제 설교에 좌우된다는 것이 부담이 됩니다.
제게 은혜가 되는 것이 교인들 모두에게 은혜가 된다고
볼 수는 없기 때문입니다. 어젯밤 설교 준비를 마쳤지만,
밤새 말씀이 제 머리에서 떠나지 않습니다.
용서와 사랑의 능력인 십자가에 대하여 전하여야 하는데,
짧은 시간이라 누구나 다 알 만한 내용은 과감히 생략하고
꼭 나누어야 할 것도 최대한 집약해서 나누어야 합니다.
새벽 설교 후 강단 위에 올라와 기도할 분들의 방석이
턱없이 모자란 것을 보고 난감했는데, 침묵기도방에 사용한 것을
알고 맨바닥에서 기도했습니다. 크게 불편하지는 않았습니다.
기도를 마치고 일어나려고 보니 누가 제 앞에 방석을 가져다놓은

것을 알았습니다. 아마 자신이 사용하려고 가져왔다가
제게 양보한 것 같습니다. 교인들의 사랑을 먹고 사는 것을
주님께서 이렇게 깨우쳐주시는 것 같았습니다.
예수동행일기 댓글로 섬기다보니 예수동행운동 파트너스
목사님들의 일기를 통하여 많은 은혜와 도전을 받게 됩니다.
참 귀한 분들을 믿음의 동지로 붙여주신 주님께 감사를 드렸습니다.
성금요일 예배는 시작부터 무엇인가 깊은 갈망이 느껴졌습니다.
찬양도 깊은 은혜로 우리를 인도하였고, 첫 합심기도 때
눈물의 나눔도 그러했습니다. 설교할 때 아이들의 울음소리와
늦게 온 교인들이 자리를 찾지 못하여 웅성거림으로써
시작은 참 힘들었지만, 전해야 할 말씀이 간절하여
계속 나아갈 수 있었습니다. 설교를 마무리할 때는
성령께서 말씀으로 임하심을 느낄 수 있었습니다.
십자가의 보혈을 자신의 마음에 뿌리고자 하는
갈망이 일어났습니다. 영상과 연주 찬양이 함께한
십자가의 길도 은혜로웠습니다.
많은 성도들이 골고다 십자가 동산에 선 경험을 하였습니다.
성찬식에서도 울면서 성찬을 받는 이들도 많았습니다.
모든 예배가 마친 후 개인기도 시간에도 많은 성도들이 강단 위로
올라와 간절히 기도하였습니다. 무엇보다 제 마음이 간절했습니다.
나는 죽고 예수로 사는 것이 믿어지고,
주님과 연합한 자이기에
주님의 인도하심을 더욱 신뢰하게 되었습니다.
몸은 많이 피로하여 입술은 엉망이지만 심령은 은혜로 충만합니다.

▌ 내 안에 거하는 말씀

이는 우리 복음이 너희에게 말로만 이른 것이 아니라 또한 능력과 성령과 큰 확신으로 된 것임이라

데살로니가전서 1:5

말씀이 살아나는 순간은 성령의 기름부음이 임할 때다. 확신은 그분이 주시는 선물이다.

▌ 예수동행일기

오늘은 아침 금식을 하며
오전 내내 부활주일에 전할 말씀을 준비했습니다.
감사한 것은 전해야 할 말씀이
분명히 주어지고 있다는 사실입니다.
"부활의 주님을 바라보라.
부활의 주님을 만나라.
부활의 주님과 동행하라."
이 말씀을 이전에 알지 못했던 것은 아닙니다.
이미 알고 있던 말씀이었습니다.
그러나 기름부음이 부족했던 것 같습니다.
그래서 알면서도 뜨겁지 않았고, 명확하지도 않았습니다.
마치 공포탄처럼 힘이 없었습니다.
이제는 말씀에 힘이 부어지고 있음을 느낍니다.

우연처럼 손에 들린 책들을 통해서도
주님은 더 분명히 말씀하십니다.
오래전부터 책장에 꽂혀 있던 책이
이 시점에 펼쳐진 것이 신기하게 느껴집니다.
말씀을 받았지만 증거하기까지는
더 깊은 기도와 준비가 필요함을 압니다.
이전에 준비가 느슨해 아쉬움이 남았던 경험이 있기에
이번에는 더욱 조심스럽게 주님 앞에 머물고자 합니다.

▌내 안에 거하는 말씀

네 하나님 여호와께서 이 사십 년 동안에 네게 광야의 길을 걷게 하신 것을 기억하라

신명기 8:2

광야는 버려진 자리가 아니라 하나님만을 배우는 학교다. 그곳에서 믿음은 능력이 된다.

▌예수동행일기

아침 일찍 아잔 소리와 함께 깼습니다.
요르단 광야에서 주일예배를 드리는 날입니다.
그런데 새벽부터 설교를 준비하는데
마음에 명확한 응답이 없었습니다.
마음은 분주하고 시간은 촉박하였습니다.
묵상할 시간도 충분히 가지지 못한 채 호텔을 떠났습니다.
호텔을 출발한 성지순례 팀원들의 얼굴은 밝아 보였습니다.
그러나 저는 설교할 내용에 대한 확증이 없어 답답했습니다.
광야 길을 따라 에돔 광야에서 버스가 섰습니다.
광야 가운데로 걸어 들어가 나지막한 산 위로 올랐는데,
길지 않아 보이는 길이 꽤 힘이 들었습니다.
그런데 언덕에 올라가니 눈앞에 펼쳐진 광야의 전경이
숨이 멎을 듯 펼쳐졌습니다.

그곳에서 기도하는데 주님은 말씀을 주셨습니다.

"이런 광야라도 나만 믿고 살 수 있겠느냐?"

이스라엘 백성들의 광야 훈련은

'이런 광야에서 하나님만 믿고 살 수 있는

믿음을 갖는 훈련'이었음을 깨달았습니다.

하나님을 믿고 산다는 것이 얼마나 엄청난 능력인지

실감할 수 있었습니다. 그것이 주일 설교였습니다.

광야가 아니면 도저히 깨달을 수 없는 말씀이었습니다.

그래서 호텔에서 떠날 때까지도 그렇게 답답했던 것입니다.

말씀을 전하면서도 제 마음이 먹먹했습니다.

'나에겐 정말 그런 믿음이 있는가?'

불 기둥과 구름 기둥이 이스라엘 백성을 이끌었듯이,

지금 성령님이 우리와 함께하시고 우리를 인도하시면

가이드의 인도를 받는 것과 같은 것임을 증거하였습니다.

예배 후 다시 그 광야를 바라보며 기도하였고,

침묵 속에 광야를 걸으며

'예수님만 함께하시면 광야라도 상관없습니다'라고

고백할 수 있는지 자신의 믿음을 점검해보았습니다.

광야 예배를 드리고 나오면서 어떤 처지와 형편에서도

주님만 믿고 산다는 것이 무엇인지 눈이 열리는 것 같았습니다.

죽어라 예수님만 따라 사는 것입니다.

광야에서 드리는 주일예배는 너무나 영감이 있었습니다.

고
난
주
간 묵
상

이제 사순절의 걸음은 고난주간으로 들어갑니다.
십자가의 일곱 마디 말씀 앞에 서서,
주님이 우리를 위해 끝까지 걸어가신 길을
더 가까이 묵상하려 합니다.
고난주간의 묵상은
'알아듣는 것'보다 '함께 서는 것'에 초점이 있습니다.
십자가 앞에 조용히 머무는 시간을 가지시기 바랍니다.

내 안에 거하는 말씀

그러므로 내가 그에게 존귀한 자와 함께 몫을 받게 하며 강한 자와 함께 탈취한 것을 나누게 하리니 이는 그가 자기 영혼을 버려 사망에 이르게 하며 범죄자 중 하나로 헤아림을 받았음이니라 그러나 그가 많은 사람의 죄를 담당하며 범죄자를 위하여 기도하였느니라

이사야서 53:12

고난주간 묵상

십자가 위에서 주님이 가장 먼저 하신 말씀은
고통의 호소가 아니라 용서의 기도였습니다.
예수님은 자신을 십자가에 못 박은 이들을 향해,
변명하지 않으시고 오히려 하나님께 중보하셨습니다.
"아버지, 저들을 사하여주옵소서.
그들이 알지 못함이니이다"라는 말씀은
죄를 가볍게 여긴 표현이 아닙니다.
알지 못하고 짓는 죄가 얼마나 깊고 무서운지를 아셨기에,
예수님은 그 죄를 대신 짊어지며 용서를 구하셨습니다.
그 십자가 아래에는 그들만 있었던 것이 아니라,
바로 우리의 모습도 있었습니다.
우리 역시 죄를 지으면서도 그 죄가 주님을
얼마나 아프게 하는지 알지 못한 채 살아왔습니다.

그럼에도 우리가 오늘 다시 주님 앞에 설 수 있는 이유는

주님께서 이미 우리를 위해 이 기도를 드리셨기 때문입니다.

그러나 십자가의 용서를 받은 사람에게는 질문이 남습니다.

"그렇다면 내가 져야 할 십자가는 무엇인가?"

주님을 따르는 길에서

그것은 결국 용서의 십자가입니다.

용서는 저절로 되는 일이 아니기에,

주님은 십자가를 지라고 말씀하셨습니다.

용서하지 못한 마음은 결국 우리 자신을 가두는 감옥이 됩니다.

미움은 기쁨을 말리고, 판단을 흐리게 하며,

영혼을 지치게 합니다.

고난주간 첫째 날, 우리는 십자가 앞에 다시 섭니다.

그리고 이 기도를 다시 입에 올립니다.

"아버지, 저들을 사하여주옵소서."

주님, 이 기도가 나를 살렸듯이,

오늘은 이 기도가 내 삶을 통해 흘러가게 하소서.

내가 져야 할 십자가를 피하지 않고,

용서의 길로 주님을 따르게 하소서.

그렇다면 내가 져야 할 십자가는 무엇인가?

내 안에 거하는 말씀

예수께서 이르시되 내가 진실로 네게 이르노니 오늘 네가 나와 함께 낙원에 있으리라 하시니라

누가복음 23:43

고난주간 묵상

십자가 위에서 예수님은 또 한 사람을 바라보셨습니다.
자신과 함께 처형당하던 죄수, 평생을 잘못 살아왔고
이제는 돌이킬 시간도 남지 않은 사람이었습니다.
그는 어떤 공로도, 어떤 변명도 내세우지 못한 채
단 한 마디만을 건넵니다.
"예수여, 당신의 나라에 임하실 때에 나를 기억하소서."
이 고백에는 변명의 여지도, 자기 의로움도 없었습니다.
자신이 누구인지, 어떤 사람인지 너무나 잘 알고 있었기에
나온 마지막 요청이었습니다.
그리고 예수님은 그 절박한 고백 앞에서 주저하지 않으셨습니다.
"오늘 네가 나와 함께 낙원에 있으리라."
이 말씀은 한 죄수에게만 주어진 특별한 은혜가 아닙니다.
이 죄수는 바로 우리의 모습을 보여줍니다.

우리는 모두 하나님의 것을 자기 것처럼 사용하며 살았던 자들이고,

하나님 앞에서는 변명할 말이 없는 죄수와 같은 존재였습니다.

그럼에도 불구하고 예수님은 '오늘'이라는

분명한 시간 안에서 구원을 약속하십니다.

구원은 선한 일을 많이 했기 때문에 얻는 보상이 아닙니다.

세례를 받았는지, 어떤 역할을 했는지로 결정되는 것도 아닙니다.

구원은 잃어버린 자식이 아버지께 돌아오는 사건이며,

그 아버지가 기쁨으로 품어주시는 은혜의 순간입니다.

그래서 이 죄수는 예수님과 함께 낙원에 들어간

첫 사람이 되었습니다. 그의 삶은 구겨지고 찢기고 더럽혀졌지만,

하나님 앞에서 그의 가치는 조금도 줄어들지 않았습니다.

예수님은 그를 정죄하지 않으시고, 아들처럼 받아들이셨습니다.

고난주간 둘째 날, 우리는 이 질문 앞에 섭니다.

"나는 정말 이 죄수처럼 나 자신을 보고 있는가?"

아직도 스스로를 다른 사람보다 낫다고 여기며

십자가 앞에 서 있지는 않은지 돌아봅니다.

주님, "오늘 네가 나와 함께 낙원에 있으리라" 하신

이 말씀이 과거의 이야기가 아니라,

오늘 나를 살리는 구원의 약속임을 믿게 하소서.

이 은혜를 받은 사람으로서 나 또한 다른 이들을 정죄하지 않고

잃어버린 자를 품는 십자가의 길을 걷게 하소서.

나의 예수동행 묵상일기

Day 36

▌ 내 안에 거하는 말씀

예수께서 자기의 어머니와 사랑하시는 제자가 곁에 서 있는 것을 보시고 자기 어머니께 말씀하시되 여자여 보소서 아들이니이다 하시고 또 그 제자에게 이르시되 보라 네 어머니라 하신대 그때부터 그 제자가 자기 집에 모시니라

요한복음 19:26-27

▌ 고난주간 묵상

우리는 십자가에서 예수님을 만납니다.

그리고 십자가에서 예수님이 누구신지 가장 분명히 알게 됩니다.

주님은 극한의 고통 속에서도 자기 자신을 붙드신 것이 아니라,

남겨질 사람들을 붙드셨습니다.

세 번째 말씀은 어머니 마리아를

제자 요한에게 맡기시는 말씀이었습니다.

"여자여 보소서 아들이니이다."

"보라 네 어머니라."

이 말씀은 단지 효심의 이야기로만 남지 않습니다.

주님은 십자가 위에서 새 가족을 선포하셨습니다.

피 한 방울 섞이지 않은 사람들이 예수 그리스도 안에서

형제요 자매요 부모요 자녀가 되는 놀라운 현실을,

주님은 고통 가운데서도 끝까지 말씀하십니다.

교회가 교회 되는 길이 여기 있습니다.

요한이 그 자리에 남아 있었기에 그 부탁을 받았습니다.

끝까지 십자가를 떠나지 않은 사람이 지게 되는

십자가가 있습니다. 겉으로 보면 짐처럼 보이지만,

사실은 주님이 맡기시는 비밀스러운 은혜의 자리입니다.

십자가를 외면하지 않는 사람에게만

주어지는 은총이 있기 때문입니다.

주님은 오늘 우리에게도 같은 말씀을 하십니다.

"보라 네 형제요 자매라."

우리가 성도를 바라볼 때, 특히 어려움 가운데 있는 사람을 볼 때,

그를 남이 아니라 가족으로 보라고 하십니다.

이것이 사랑의 십자가이고, 고난주간에 우리가 져야 할

십자가입니다. 그래서 오늘 나는 주님께 묻습니다.

나는 교회를 '모임'으로 대하고 있는가, '가족'으로 대하고 있는가?

내 말과 판단은 그 사람을 가족으로 여기며 나온 말인가,

남이라 여기며 던진 말인가?

십자가는 나를 주님께로만 인도하는 것이 아니라,

서로를 보는 눈도 열어주십니다.

주님, 십자가에서 주신 이 말씀을 외면하지 않게 하소서.

내가 사랑의 십자가를 피하지 않게 하시고,

교회 안의 지극히 작은 자를 예수님을 대하듯 보게 하소서.

내게 맡기신 사람들을 부담이 아니라 은혜로 받아들여,

주님의 가족을 사랑으로 세우게 하소서

▌내 안에 거하는 말씀

제구시쯤에 예수께서 크게 소리 질러 이르시되 엘리 엘리 라마 사박다니 하시니 이는 곧 나의 하나님, 나의 하나님, 어찌하여 나를 버리셨나이까 하는 뜻이라

마태복음 27:46

▌고난주간 묵상

십자가 위에서 예수님은 가장 깊은 절규를 내뱉으십니다.

이 말씀은 예수님께서 하셨다고 믿기 어려울 만큼 처절합니다.

그러나 바로 그 절규가,

우리가 결코 혼자가 아니라는 복음의 문을 엽니다.

예수님은 단지 우리의 죗값만 치르신 것이 아니라,

죄의 저주까지 대신 지셨습니다.

그 저주의 절정은 하나님과의 관계가 끊어지는 고통입니다.

사람이 무엇을 가져도, 무엇을 누려도

하나님과의 관계가 단절되면 삶은 저주의 쓴맛을 피할 수 없습니다.

우리가 '버림받았다'는 느낌에 무너질 때, 사실 그 아픔의 뿌리에는

하나님과의 관계에 대한 불안이 숨어 있습니다.

예수님은 그 자리를 대신 들어가셨습니다.

성부 하나님과 영원히 하나였던 예수님이,

죄인을 대신하여 버림받은 것처럼

느끼는 자리까지 내려가셨습니다.

우리가 지옥으로 떨어지며 외쳐야 할 비명을,

예수님이 십자가에서 대신 외치신 것입니다.

그래서 예수님 안에 있는 우리는

어떤 형편에서도 끝내 버림받지 않는다는

확신을 얻게 되었습니다.

고난주간 넷째 날, 우리는 묻습니다.

나는 십자가를 '바라보기만' 하고 있지는 않은가.

내가 정말 붙들어야 할 확신은

지식이 아니라 동행의 확신임을 다시 깨닫습니다.

주님이 내 안에 거하심이 믿어질 때, 절망은 끝까지 가지 못합니다.

그리고 이 은혜는 나만을 위한 것이 아닙니다.

주님이 내 저주를 대신 지셨다면,

이제 나는 저주 같은 외로움과 절망 속에 있는 사람을 향해

버팀목이 되고 위로자가 되라는 부르심을 받았습니다.

십자가를 통과한 사람은 다른 이의 버림받음을 외면할 수 없습니다.

주님, 당신이 대신 외치신 절규로 내가 살았습니다.

오늘 내 곁의 외로운 이들을 외면하지 않게 하시고,

버림받음의 두려움에서 나를 건져주신 주님처럼,

나도 누군가에게 작은 위로와 버팀목이 되게 하소서.

내 안에 거하는 말씀

그 후에 예수께서 모든 일이 이미 이루어진 줄 아시고 성경을 응하게 하려
하사 이르시되 내가 목마르다 하시니

요한복음 19:28

고난주간 묵상

십자가 위에서 예수님이 육체의 고통을 호소하신
유일한 말씀이 "내가 목마르다"입니다. 그러나 이 한마디는
단순한 갈증의 호소가 아니라, 죄로 인해 우리가 겪는 인생의
근원적 목마름을 주님께서 대신 짊어지셨다는 복음의 선언입니다.
성경은 우리를 "목마른 자"라고 부릅니다.
해결되지 않는 허기, 채워도 다시 비어버리는 마음,
먹고 마셔도 남는 공허, 버림받을까 두려운 불안….
사람들은 돈과 명예, 쾌락과 성공으로 그 갈증을 덮어보려 하지만,
목은 더 마르고 마음은 더 거칠어집니다.
먹어도 배부르지 않고, 마셔도 목마른 삶.
이것이 죄가 남긴 저주와 같은 갈증입니다.
그런데 예수님은 바로 그 자리에 서셨습니다.
우리를 목마름에서 구원하시기 위해 주님이 목마르셨습니다.

그래서 주님은 약속하십니다.

"나를 믿는 자는 영원히 목마르지 아니하리라."

십자가는 죄 사함만이 아니라,

더 이상 세상에 목매지 않아도 되는 자유를 우리에게 열어줍니다.

예수님을 진정으로 만난 사람은

성공과 평가에 덜 흔들리고, 없는 형편에서도 만족을 배우며,

무엇보다 "주님 한 분이면 충분합니다"라는 고백이 삶이 됩니다.

그러나 고난주간의 묵상은 여기서 멈추지 않습니다.

주님이 우리 안에 생수의 강이 되셨다면, 이제 우리의 삶은

'받는' 자리에서 '흘려보내는' 자리로 부름받습니다.

주님은 내 목마름만 해결하신 것이 아니라,

목마른 세상을 향해 생수의 강이 되라고 부르십니다.

남편과 아내를 위해, 자녀를 위해, 이웃을 위해, 교회를 위해,

나라와 열방을 위해 이제는 '나를 위한 갈증'이 아니라

'주님을 위한 갈증'으로 기도하게 하십니다.

오늘 나는 스스로에게 묻습니다.

나는 무엇에 목말라 살고 있는가,

여전히 나를 위한 목마름에 붙들려 있는가,

아니면 하나님나라를 위해 목마른 사람인가.

주님, 십자가 위에서 주님이 대신 담당하신 나의 갈증을 믿게 하소서.

예수님 안에서 "이제는 만족합니다"라고 고백하게 하시고, 내 안에

생수의 강이 흘러나와 누군가의 목마름을 해갈하게 하소서.

오늘, 주님의 목마름이 나를 살렸음을 기억하며,

나도 세상을 위해 거룩한 목마름으로 주님 앞에 서게 하소서.

내 안에 거하는 말씀

예수께서 큰 소리로 불러 이르시되 아버지 내 영혼을 아버지 손에 부탁하나
이다 하고 이 말씀을 하신 후 숨지시니라

누가복음 23:46

고난주간 묵상

예수님은 죽음의 순간을 아시고 큰 소리로 하나님을 부르신 뒤,
"아버지, 내 영혼을 아버지 손에 부탁하나이다"라고 기도하셨습니다.
이 기도는 단지 "이제 고통이 끝난다"는 말이 아니라,
죽음 너머의 세계가 실재한다는 선언입니다.
죽으면 끝이 아니라, 영혼이 있고 영생이 있으며
하나님나라가 있다는 사실을 십자가에서 열어 보여주신 것입니다.
우리는 살면서 영혼이 있다는 사실을 쉽게 잊습니다.
건강과 형편, 관계와 미래를 붙들며 애쓰지만,
정작 '내 영혼이 어디에 붙들려 있는지'는 놓치기 쉽습니다.
그런데 주님은 십자가 위에서 우리의 눈을 들어,
가장 확실한 자리, 아버지의 손을 보게 하십니다.
예수님이 영혼을 아버지께 맡기셨을 때,
우리 영혼도 함께 맡겨졌습니다.

예수님이 우리 안에 오셨기 때문입니다.
그래서 마귀가 우리의 삶과 육신을 흔들 수는 있어도,
우리의 영혼을 빼앗을 수는 없습니다.
"그들을 내 손에서 빼앗을 자가 없느니라"고 하신 약속이
십자가에서 현실이 됩니다.
고난주간 여섯째 날, 우리는 묻습니다.
나는 영생을 '알고'만 있는가, 아니면 '믿고' 있는가.
부자 청년처럼 영생을 말하면서도 세상이 더 크게 보이진 않는가.
하나님나라가 목적지로 분명해지면,
길이 좁아도 험해도 흔들리지 않습니다.
목적지가 분명한 사람은 길 때문에 무너지지 않기 때문입니다.
이 믿음은 현실을 무시하는 담대함이 아니라,
십자가를 통과한 자에게 주어지는 '맡김의 확신'입니다.
그래서 주님은 "자기 십자가를 지고 나를 따르라"는 부르심을
주저 없이, 마치 복의 길을 권하듯 하십니다.
아버지의 손이 보이는 사람은 고난을 피하지 않고,
오히려 그 고난 속에서 주님을 더 깊이 붙듭니다.
주님, 내 영혼이 아버지의 손에 있음을 믿게 하소서.
세상에 마음을 빼앗기지 않고, 목적지가 분명한 사람으로
살게 하소서. 고난이 와도 흔들리지 않게 하시고,
마지막 순간에도 주님처럼 고백하게 하소서.
"아버지, 내 영혼을 아버지 손에 부탁하나이다."

내 안에 거하는 말씀

예수께서 신 포도주를 받으신 후에 이르시되 다 이루었다 하시고 머리를 숙
이니 영혼이 떠나가시니라

요한복음 19:30

고난주간 묵상

십자가 위에서 예수님의 마지막 말씀은 "다 이루었다"였습니다.
이 말은 조용한 마침표가 아니라, 하늘을 흔드는 승리의 선언입니다.
주님은 죄 사함만이 아니라 의로움과 거룩함, 하나님과의 화평과
친밀함까지 구원에 필요한 모든 것을 남김없이 이루셨습니다.
우리가 덧붙일 것이 없고, 의심할 것이 없고, 누구에게나
구원의 문이 열렸다는 선언입니다. 그런데 왜 우리는
이 선언 앞에서 자주 흔들릴까요?
"다 이루었다" 하셨는데도 내 안은 여전히 답답하고 두렵고
막막할 때가 많기 때문입니다. 그래서 오늘 우리는
질문을 바꾸어야 합니다. 십자가에 부족함이 있는 것이 아니라,
내가 그 완성을 믿음으로 붙들고 사는가가 문제입니다.
사도 바울이 "내가 그리스도와 함께 십자가에 못 박혔다"라고
고백할 수 있었던 이유는, 주님이 십자가에서

우리를 연합하게 하셨다는 사실을 알았기 때문입니다.
옛사람이 죽고 새 생명으로 살게 하신 일, 그것도 주님이 이미
이루셨습니다. 그러므로 우리가 져야 할 십자가는 놀랍게도
'무언가를 더 해내는 부담'이 아니라, 다 이루신 주님을 바라보며
"나는 죽었습니다, 이제 예수로 삽니다"라고 믿고 고백하며
사는 것입니다. 그래서 "나는 죽었습니다"라는 고백은 두려운
문장이 아니라 복음의 노래가 됩니다. 죽음만 보지 말고,
그 죽음 이후에 주님이 주시는 새 생명을 보아야 합니다.
주님이 이루신 승리를 내가 받아들일 때, 삶의 목표도 바뀝니다.
성공과 인정이 아니라, 예수님으로 사는 것이 목적이 됩니다.
그때 부유하든 가난하든, 높아지든 낮아지든 흔들리지 않습니다.
고난주간의 끝에서 우리는 다시 십자가 앞에 섭니다.
주님은 "다 이루었다" 하시며 우리를 초대하십니다.
이제는 십자가를 구경하지 말고, 십자가 안으로 들어오라고.
옛사람의 길을 계속 걷지 말고, 주님이 열어놓으신 길로 가라고.
주님, "다 이루었다"는 선언이 오늘 나를 향한 말씀으로
들리게 하소서. 옛사람을 붙잡고 좌절하는 소심함에서 벗어나,
주님이 이루신 의와 거룩을 믿음으로 받아 누리게 하소서.
"나는 죽었습니다. 예수님이 내 생명이십니다." 이 고백이
오늘의 결단이 되고, 내일의 길이 되게 하소서. 오늘은 성토요일,
승리는 선포되었으나 아직 부활의 아침은 오지 않은 날입니다.
말을 줄이고, 해석을 멈추고, 십자가의 사랑이 마음 깊은 곳에
가라앉도록 잠잠히 머무는 시간입니다. 부활의 아침은
십자가를 통과한 자들에게 허락하신 하나님이 주시는 응답입니다.

동행은 계속된다… 사순절 이후에도 변하지 않는 은혜

40일 묵상을 마친 지금,
저는 여러분과 함께
조용히 눈을 감고
지난 시간을 돌아보고 싶습니다.

사순절 40일 동안
여러분의 삶에도
제가 걸어온 길과 비슷한
순간들이 있었을 것입니다.

말씀은 읽는데 마음이 무거웠던 날,
기도하려고 앉아도 눈물이 나오지 않던 날,
오늘 동행의 실천을 하지 못해
마음이 아팠던 날,

그러나 작은 은혜 한 조각 때문에
다시 힘을 내게 된 순간들.

저 역시 그러했습니다.
예수님을 진심으로 사랑하지만
동시에 너무 쉽게 흔들리고
너무 자주 넘어지는 제 모습을
수없이 보아왔습니다.

그러나 그때마다
예수님은 놀라운 은혜로
제 마음을 붙들어주셨습니다.

어느 날
극심한 낙심 속에서 주님께 부르짖을 때,
주님께서 제 마음에
아주 조용히 말씀하셨습니다.

"너는 실패했을지 몰라도
나는 너를 결코 포기하지 않는다."

그 음성 하나에
저는 다시 살아났습니다.
그리고 그날부터
저의 신앙은
'내가 무엇을 하느냐'가 아니라
'예수님이 나와 함께하신다'는 믿음을 중심으로
완전히 재편되었습니다.

40일 동안 무엇이 여러분 안에 일어났습니까?
크고 놀라운 변화가 나타나지 않았더라도
걱정하지 마십시오.

예수님은
갑자기 우리를 완성시키지 않으시고,
매일 조금씩 다듬어 가십니다.

저도 지난 수십 년 동안
예수님과 동행하며 살았지만,
아직도 갈 길이 멉니다.

그러나 확실한 것이 하나 있습니다.

예수님은 여러분 안에서
이미 좋은 일을 시작하셨습니다.
그리고 시작하신 일을
결코 중단하시지 않을 것입니다(빌 1:6).

이제부터의 삶,
사순절 이후가 더 중요합니다.
40일 기간 동안은
우리 모두가 조금 더 집중해서
예수님을 바라보며 걸어왔습니다.
그러나 삶의 진짜 변화는
부활절 이후의 평범한 날들 속에서
일어납니다.
저는 사순절을 통과할 때마다
부활절 이후에 꼭 묻습니다.
"주님, 이제 무엇을 새롭게 하시겠습니까?"
그리고 주님은 언제나
비슷한 말씀을 제 마음에 들려주십니다.

"나와 함께 계속 걸어가자."

여러분도 이 음성을 들으시기 바랍니다.

예수님과 동행하는 삶을 쓰고 가르치면서도
저 역시 여전히 부족합니다.
특히 고난이나 억울함이 닥칠 때
저의 옛 성품이 불쑥 올라올 때가 많습니다.

그때마다 저는
깊은 숨을 쉬며 이렇게 고백합니다.
"예수님…
다시 제 눈을 주님께 돌립니다."

그러면 참 신기하게도
흩어져 있던 마음이 모이고,
흔들리던 생각이 잠잠해지고,
내가 아니라
예수님께 시선을 고정하게 됩니다.

그 순간
저는 다시 살아납니다.
예수님과 동행하는 삶은

이렇게 날마다, 순간마다
계속되는 회복의 과정입니다.
이 묵상집을 덮는 지금,
저는 여러분의 영혼을
다음과 같이 축복하고 싶습니다.

여러분이 앞으로 맞이할
모든 기쁨과 성공의 순간에
예수님의 임재가 더 빛나게 되기를
축복합니다.

고난과 질병, 상처의 자리에서도
예수님이 아주 가까이 계심을 경험하시기를
축복합니다.

사람들 앞에서가 아니라
혼자 있는 자리에서
예수님과 조용히 대화하는 마음이
깊어지기를 축복합니다.

무엇보다

여러분의 평생이
예수님과 동행하는 아름다운 여정이 되기를
예수님의 이름으로 축원합니다.

이 책은 끝났습니다.
그러나 우리의 동행은 끝나지 않았습니다.

"예수님,
다음 40일도,
다음 400일도,
제 평생의 모든 날도
주님과 함께 걷게 하옵소서."

여러분과 같은 길을 걷는
한 사람의 동행자로서
진심으로 그렇게 기도합니다.

조금만 더 주님 가까이

초판 1쇄 발행   2026년 2월 6일
초판 3쇄 발행   2026년 2월 19일

지은이   유기성

펴낸이   여진구
책임편집   안수경 김도연
편집   이영주 진효지 최현수 구주은 김아진 배예담
책임디자인   노지현 정은혜 | 마영애 조은혜
마케팅   김상순 강성민   마케팅지원   최영배 정나영
제작   조영석 허병용   경영지원   김혜경 김경희 김영하

303비전성경암송학교 유니게 과정
이슬비전도학교 / 303비전성경암송학교 / 303비전꿈나무장학회

펴낸곳   (주)규장갓피플

주소   06770 서울시 서초구 매헌로 16길 20(양재2동) 규장선교센터
전화   02)578-0003   팩스   02)578-7332
이메일 kyujang0691@gmail.com   홈페이지 www.kyujang.com
페이스북 facebook.com/kyujangbook   인스타그램 instagram.com/kyujang_com
카카오스토리 story.kakao.com/kyujangbook
등록번호 제2026-000001호
since 1978.08.14

ⓒ 저자와의 협약 아래 인지는 생략되었습니다.
이 출판물은 저작권법에 의해 보호를 받는 저작물이므로 무단 전재와 무단 복제를 할 수 없습니다.

책값   뒤표지에 있습니다.
ISBN   979-11-6504-683-5 03230

규 | 장 | 수 | 칙

1. 기도로 기획하고 기도로 제작한다.
2. 오직 그리스도의 성품을 사모하는 독자가 원하고 필요로 하는 책만을 출판한다.
3. 한 활자 한 문장에 온 정성을 쏟는다.
4. 성실과 정확을 생명으로 삼고 일한다.
5. 긍정적이며 적극적인 신앙과 신행일치에의 안내자의 사명을 다한다.
6. 충고와 조언을 항상 감사로 경청한다.
7. 지상목표는 문서선교에 있다.